BEI GRIN MACHT SICH IHR WISSEN BEZAHLT

- Wir veröffentlichen Ihre Hausarbeit, Bachelor- und Masterarbeit

- Ihr eigenes eBook und Buch - weltweit in allen wichtigen Shops

- Verdienen Sie an jedem Verkauf

Jetzt bei www.GRIN.com hochladen und kostenlos publizieren

Beweglichkeits- und Koordinationstraining für eine sportlich aktive Person (mit mindestens 5 Jahren Trainingserfahrung)

Anna Engler

Bibliografische Information der Deutschen Nationalbibliothek:

Die Deutsche Nationalbibliothek verzeichnet diese Publikation in der Deutschen Nationalbibliografie; detaillierte bibliografische Daten sind im Internet über http://dnb.d-nb.de abrufbar.

ISBN: 9783389094204
Dieses Buch ist auch als E-Book erhältlich.

© GRIN Publishing GmbH
Trappentreustraße 1
80339 München

Alle Rechte vorbehalten

Druck und Bindung: Books on Demand GmbH, Norderstedt Germany
Gedruckt auf säurefreiem Papier aus verantwortungsvollen Quellen

Das vorliegende Werk wurde sorgfältig erarbeitet. Dennoch übernehmen Autoren und Verlag für die Richtigkeit von Angaben, Hinweisen, Links und Ratschlägen sowie eventuelle Druckfehler keine Haftung.

Das Buch bei GRIN: https://www.grin.com/document/1519397

Inhaltsverzeichnis

1 PERSONENDATEN 3

1.1 Allgemeine und biometrische Daten 3
    1.1.1 Bewertung Blutdruck 3
    1.1.2 Bewertung Ruhepuls 4

1.2 Beurteilung der individuellen Beweglichkeit der Person 4

1.3 Beurteilung der individuellen Gleichgewichtsfähigkeit der Person 5

2 TRAININGSPLANUNG BEWEGLICHKEITSTRAINING 5

2.1 Übungsauswahl und Dehnmethoden Beweglichkeitstraining 5

2.2 Belastungsgefüge Beweglichkeitstraining 8

2.3 Begründung zur Trainingsplanung für das Beweglichkeitstraining 9

3 TRAININGSPLANUNG KOORDINATIONSTRAINING 10

3.1 Übungsauswahl Koordinationstraining 10

3.2 Belastungsgefüge Koordinationstraining 13

3.3 Begründung zur Trainingsplanung für das Koordinationstraining 13

4 LITERATURRECHERCHE 14

5 LITERATURVERZEICHNIS 16

6 TABELLENVERZEICHNIS 17

1 Personendaten

1.1 Allgemeine und biometrische Daten

Tabelle 1: Allgemeine und biometrische Daten

Alter:	28 Jahre	Blutddruck:	126/82 mmHg
Geschlecht:	Männlich	Normwerte Blutdruck:	Optimal: <120 mmHg/<80 mmHg Normal: <130 mmHg/<85 mmHg Hochnormal: 130 – 139 mmHg/ 85 – 89 mmHg
Körpergröße:	1,78 m	BMI:	24,36kg/m²
Körpergewicht:	78 kg	Normwerte BMI:	18,5 – 24,9 kg/m²
		Ruhepuls:	61 Schläge/Minute
Subjektives Schmerzempfinden Beinrückseite	2 (1= kein Schmerz- 10 = maximaler Schmerz)	Normwerte Ruhepuls:	60 – 80 Schläge/Minute
Beruf:	Bankkaufmann (überwiegend sitzende tätigkeit)		
Trainingsmotive:	Erhalt der Beweglichkeit, Beseitigung der Verspannung in der Beinrückseite, Laufqualität verbessern		
Aktuelle sportliche Tätigkeit:	Seit 8 Jahren Fitnesstraining (2x pro Woche?/ 45 Minuten), Laufen im Grundlagenausdauerberreich ohne Wettkampfambitionenen (3x pro Woche) 30-60 Minuten		
Frühere sportliche Tätigkeit:	Keine		
Zeitlicher Verfügungsrahmen:	6x pro Woche / 1 Stunde		
Orthopädische Probleme:	Keine		
Internistische Probleme:	Keine		
Ärztliche Behandlungen:	Keine		
Medikamente:	Keine		
Sonstige gesundheitliche Einschränkungen:	Verspannte Beinrückseite vom regelmäßigen Laufen (ärztliche Empfehlung zum Dehnen liegt vor)		

1.1.1 Bewertung Blutdruck

Die folgende Tabelle zeigt eine Übersicht der normativen Blutdruckwerte, die von optimal bis zur arteriellen Hypertonie Grad 3 klassifiziert sind (Mancia et al., 2013, S. 1286). Entsprechend dieser Klassifikation liegt der Blutdruck der betreffenden Person im Normalbereich und weist keine Erhöhung auf.

Tabelle 2: Blutdruckklassifikation (modifiziert nach Mancia et al., 2013, S. 1286)

Bewertungsstufe	Systolischer Blutdruck	Diastolischer Blutdruck
Normblutdruck (Normotonie)		
Optimal	<120 mmHg	<80 mmHg
Normal	<130 mmHg	<85 mmHg
Hochnormal	130-139 mmHg	85-89 mmHg

Bluthochdruck (arterielle Hypertonie)		
Stufe 1	140-159 mmHg	90-99 mmHg
Stufe 2	160-179 mmHg	100-109 mmHg
Stufe 3	>180 mmHg	>110 mmHg

1.1.2 Bewertung Ruhepuls

Mit einem Ruhepuls von 61 Schlägen pro Minute liegt die Person im Normalbereich, welcher zwischen 60 und 80 Schlägen pro Minute liegt. Dieser Wert deutet auf eine gute kardiovaskuläre Fitness hin, vor allem da regelmäßiges Ausdauertraining so einen optimalen Pulswert unterstützt. Ein Ruhepuls am unteren Ende des Normalbereichs ist oft ein Zeichen für eine effiziente Herz-Kreislauf-Funktion und eine gute körperliche Verfassung. Da gut trainierte Personen tendenziell niedrigere Ruhepulswerte aufweisen, lässt sich eine gute kardiovaskuläre Gesundheit der Person feststellen.

Tabelle 3: Pulsnormwerte der deutschen Herzstiftung

Neugeborene Babys	120-140 S/min
Kleinkinder	100-120 S/min
Ältere Kinder und Jugendliche	80-100 S/min
Erwachsene	60-80 S/min

1.2 Beurteilung der individuellen Beweglichkeit der Person

Der Gesundheitszustand und das sportliche Profil der Person lassen auf eine solide allgemeine Beweglichkeit schließen, die durch regelmäßiges Laufen und Krafttraining gefördert wird. Allerdings kann der Beruf als Bankkaufmann mit überwiegend sitzender Tätigkeit die Beweglichkeit beeinträchtigen und sollte daher auch berücksichtigt werden. Langes Sitzen sorgt oft für einen erhöhten Muskeltonus, insbesondere in der Beinrückseite und Hüfte. Zudem hat die Person leichte Verspannungen in der Beinrückseite, welche durch gezielte Maßnahmen verbessert werden können, um die Bewegungsfreiheit in diesem Bereich weiter zu optimieren. Um diese Verspannungen zu lösen und die Beweglichkeit weiter zu optimieren, ist die Einbindung gezielter Dehnübungen und Mobilisationstechniken besonders empfehlenswert. Ein besonderer Fokus sollte auf die Muskulatur der Beinrückseite gelegt werden, zu der die folgenden Muskeln gehören: M. biceps femoris, M. semitendinosus, M. semimembranosus, M. gluteus maximus, M. gluteus medius, M. gluteus minimus und M. iliotibialis. Ebenso wichtig sind die Hüftbeugermuskeln, die aus dem M. iliopsoas, M. iliacus, M. rectus femoris und M. sartorius bestehen. Durch ein regelmäßiges und gezieltes Beweglichkeitstraining können nicht nur die allgemeine Beweglichkeit verbessert und die Laufqualität optimiert werden, sondern auch die aktuellen Verspannungen langfristig gelöst werden und neue Verspannungen vorbeugen.

1.3 Beurteilung der individuellen Gleichgewichtsfähigkeit der Person

Das Lauftraining der Person fördert die allgemeine körperliche Fitness und verbessert sowohl die Stabilität als auch die Koordination. Regelmäßiges Laufen und Fitnesstraining stärken zudem die Muskulatur und verbessern die propriozeptiven Fähigkeiten, was zur Entwicklung einer guten Gleichgewichtsfähigkeit beiträgt. Jedoch kann der Beruf als Bankkaufmann die Gleichgewichtsfähigkeit potenziell beeinträchtigen. Langes Sitzen führt häufig zu einem erhöhten Muskeltonus und kann muskuläre Ungleichgewichte verursachen, die das Gleichgewicht negativ beeinflussen können. Durch die Verspannungen in der Beinrückseite der Person könnte die Gleichgewichtsfähigkeit zusätzlich beeinträchtigt sein. Insgesamt deutet die regelmäßige sportliche Aktivität darauf hin, dass die Person eine gute Grundlage für ihre Gleichgewichtsfähigkeit besitzt. Gezielte Maßnahmen zur Verbesserung des Gleichgewichts könnten dazu beitragen, die Gleichgewichtsfähigkeit weiter zu fördern und mögliche Auswirkungen des sitzenden Berufs auszugleichen.

2 Trainingsplanung Beweglichkeitstraining

2.1 Übungsauswahl und Dehnmethoden Beweglichkeitstraining

Tabelle 4. Übungsauswahl Beweglichkeitstraining

Nr.	Übung	Dehnmethode	Zielmuskulatur
1.	Dehnung der Wadenmuskulatur im Stand	Aktiv-dynamisch	M. gastrocnemius, M. soleus
Beschreibung:			
Stelle dich aufrecht mit den Füßen hüftbreit auseinander. Mach einen großen Schritt nach vorne mit dem rechten Fuß, wobei das linke Bein gestreckt bleibt. Verlagere dein Körpergewicht auf das vordere Bein. Beuge das rechte Knie und senke dein Gesäß leicht ab, um die Dehnung in der hinteren Wade des linken Beins zu spüren. Halte das linke Bein gestreckt. Die Ferse des linken Fußes sollte den Boden berühren. Beuge und strecke das vordere Bein in einem gleichen Tempo, um damit die Dehnung leicht zu lösen und wieder aufzunehmen.			

Nr.	Übung	Dehnmethode	Zielmuskulatur
2.	Dehnung der Hüftbeuger Muskulatur	Passiv-statisch	M. Iliopsoas

Beschreibung:

Knie dich auf eine weiche Unterlage wie eine Gymnastikmatte oder ein Kissen. Deine Knie und Füße berühren den Boden. Stelle einen Fuß nach vorne, sodass dein vorderes Bein im 90-Grad-Winkel gebeugt ist. Das hintere Bein bleibt senkrecht zum Boden und das Knie berührt den Boden. Das hintere Bein sollte in Verlängerung des Oberkörpers stehen. Der Fußrücken des hinteren Beins zeigt nach unten. Verlager dein Gewicht sanft nach vorne auf das aufgestellte Bein und halte dabei den Oberkörper aufrecht. Spanne den Po an und schiebe die Hüfte nach vorne. Du solltest eine Dehnung in der Hüftbeugemuskulatur des hinteren Beins spüren.

Nr.	Übung	Dehnmethode	Zielmuskulatur
3.	Couch Stretch	Passiv-statisch	M. rectus femoris

Beschreibung

Knie dich mit einem Bein vor eine Wand, sodass dein Fuß an der Wand aufliegt. Deine Knie berühren den Boden. Stelle das andere Bein nach vorne auf, sodass dein Fuß flach auf dem Boden steht und dein Knie in einem 90 Grad Winkel gebeugt ist. Richte deinen Oberkörper langsam auf und achte darauf, dass dein Becken nicht nach vorne kippt. Schiebe die Hüfte des hinteren Beins nach vorne und spanne die Gesäßmuskulatur des hinteren Beins leicht an.

Nr.	Übung	Dehnmethode	Zielmuskulatur
4.	Dehnung der Gesäßmuskulatur	Passiv-dynamisch	M. glutaeus maximus, M. glutaeus medius, M. glutaeus minimus, M. piriformis

Beschreibung

Lege dich mit dem Rücken auf eine weiche Unterlage wie eine Gymnastikmatte oder ein Kissen. Beuge beide Knie und stelle die Füße flach auf den Boden. Die Beine sollten hüftbreit auseinanderstehen. Lege den rechten Fuß über das linke Knie, sodass das rechte Bein eine Art „L" formt und das rechte Knie nach außen Richtung Wand zeigt. Dein rechter Knöchel liegt auf deinem linken Oberschenkel auf. Verwende nun deine Hände, um das linke Bein langsam und kontrolliert nach oben zu ziehen. Greife dein Bein entweder hinter dem linken Oberschenkel oder unter dem linken Knie, je nachdem welche Position für dich angenehmer ist. Ziehe das linke Bein langsam in Richtung Brust, während du das rechte Knie nach außen drückst und lasse das Bein dann langsam wieder in die Ausgangsposition zurück.

Nr.	Übung	Dehnmethode	Zielmuskulatur
5.	Dehnung der Oberschenkelvorderseite in Seitlage	Passiv-dynamisch	M. rectus femoris, M. vastus intermedius, M. vastus lateralis, M. vastus medialis

Beschreibung

Lege dich seitlich auf eine weiche Unterlage (z. B. eine Gymnastikmatte). Dein Kopf liegt auf dem unteren Arm, welcher ausgestreckt oder leicht gebeugt sein kann. Die Beine liegen gestreckt übereinander. Beuge, dass obere Bein, sodass die Ferse in Richtung Gesäß zeigt. Greife mit der Hand des oberen Arms das Sprunggelenk. Das untere Bein bleibt ausgestreckt und liegt ruhig auf der Matte. Ziehe das obere Bein kontrolliert nach hinten, bis du eine Dehnung in der Oberschenkelvorderseite spürst. Achte darauf, dass dein Becken stabil bleibt indem du den Po anspannst und das Becken nicht nach vorne kippt. Halte diese Position kurz und führe nun kleine Bewegungen aus, indem du die Ferse langsam und kontrolliert Richtung Gesäß ziehst und dann wieder etwas lockerst.

Nr.	Übung	Dehnmethode	Zielmuskulatur
6.	Dehnung der Oberschenkelrückseite im liegen	Aktiv/passiv (Kombination)-postisometrisch	Ischiocrurale Muskulatur: M. biceps femoris, M. semitendinosus, M. semimembranosus

Beschreibung

Lege dich flach mit dem Rücken auf eine weiche Unterlage (z. B. eine Gymnastikmatte). Beide Beine sind gestreckt und die Arme liegen neben dem Körper. Hebe das rechte Bein gestreckt an, bis du eine leichte Dehnung in der Rückseite des Oberschenkels spürst. Das linke Bein bleibt gestreckt auf dem Boden. Drücke das angehobene rechte Bein leicht gegen deine Hände. Halte diese Spannung für etwa 5–7 Sekunden. Entspanne den Druck und lass das Bein etwas lockern. Nutze diese Phase, um das Bein etwas weiter in die Dehnung zu bringen. Ziehe das gestreckte Bein langsam und kontrolliert näher zum Körper, bis du eine deutliche Dehnung in der Rückseite des Oberschenkels spürst. Halte diese Position für 15–30 Sekunden. Senke, danach das Bein langsam ab. Wiederhole das ganze.

Nr.	Übung	Dehnmethode	Zielmuskulatur
7.	Cat-Cow Stretch	Aktiv-dynamisch	M. erector spinae, M. latissimus dorsi, M. trapezius, M. splenius cervicis, M. splenius capitis, M. rectus abdominis

Beschreibung

Wir starten im Vierfüßlerstand. Die Hände sind schulterbreit direkt unter den Schultern positioniert, die Knie stehen hüftbreit zueinander unter der Hüfte. Die Finger sind gestreckt und zeigen nach vorne. Die Bewegung beginnt, indem du dein Kinn langsam und kontrolliert zur Brust anziehst, deinen Rücken nach oben aufrundest und dein Steißbein einziehst. Gebe mit deinen Händen aktiv Druck in den Boden rein und ziehe deine Schulterblätter auseinander. Halte diese Position kurz für 1-2 Sekunden. Kippe nun das Becken nach hinten und dein ziehe das Steißbein nach oben. Gleichzeitig lässt du deinen Bauch Richtung Boden sinken. Dein Kopf hebst du mit dem Blick nach vorne oder leicht nach oben an. Deine Schulterblätter ziehst du jetzt zueinander. Halte auch diese Position für 1-2 Sekunden. Wechsle fließend diese Bewegungen hintereinander ab.

Nr.	Übung	Dehnmethode	Zielmuskulatur
8.	Dehnung der Brustmuskulatur an der Wand	Passiv-postisometrisch	M. pectoralis major, M. pectoralis minor

Beschreibung

Stelle dich seitlich neben eine Wand oder ähnliches. Lege deinen Arm mit einem 90 Grad Winkel im Ellenbogen an die Wand, sodass der Oberarm sich parallel zum Boden befindet. Dein Unterarm zeigt senkrecht zum Boden und berührt komplett die Wand. Stelle dich aufrecht hin und ziehe deine Schulterblätter leicht zusammen. Drücke deinen Arm für circa 5-10 Sekunden leicht gegen die Wand, als würdest du deinen Arm von dir wegdrücken wollen. Die Position des Arms bleibt dabei unverändert. Danach lässt du die Spannung im Arm und in der Brustmuskulatur langsam los. Drehe deinen Oberkörper leicht von der Wand weg, um die Brustmuskulatur zu dehnen. Halte diese Dehnposition für circa 15-30 Sekunden.

Nr.	Übung	Dehnmethode	Zielmuskulatur
9.	Dehnung der hinteren Schultermuskulatur im stehen	Passiv-statisch	M. deltoideus pars spinata, M. trapezius pars transversa, Mm. rhomboidei

Beschreibung

Stelle dich aufrecht hin, die Füße stehen schulterbreit parallel zueinander.
Stehe aufrecht und dein Blick zeigt nach vorne. Hebe einen Arm an und beuge ihn im Ellenbogengelenk um 90 Grad, sodass der Unterarm waagerecht nach links zeigt. Bringe den Oberarm auf Schulterhöhe vor die Brust, sodass der Ellenbogen sich ungefähr auf einer Linie mit der Schulter befindet. Lege die rechte Hand entspannt auf die gegenüberliegende Schulter. Fasse nun mit der freien Hand den Ellenbogen und ziehe ihn langsam und kontrolliert in Richtung deines Körpers. Ziehe den angewinkelten Arm weiter über die Brust nach links, sodass du eine Dehnung in der hinteren Schulter spürst.

Nr.	Übung	Dehnmethode	Zielmuskulatur
10.	Schulterblattdehnung mit Handtuch im stehen	Passiv-statisch	M. latissimus dorsi, M. teres major, M. triceps brachii, M.

				infraspinatus, M. deltoideus, M. trapezius

Beschreibung

Deine Füße stehen schulterbreit parallel zueinander, dein Oberkörper bleibt aufrecht und kippt nicht nach vorne oder hinten ab. Achte darauf, dass deine Schultern locker sind und dein Kopf in einer neutralen Position nach vorne gerichtet bleibt. Nimm ein Handtuch in beide Hände. Halte es mit ausgestreckten Armen, sodass es hinter deinem Rücken liegt. Eine Hand greift das untere Ende des Handtuchs, während die andere Hand das obere Ende greift. Behalte die Position bei und ziehe das Handtuch langsam und kontrolliert nach unten, bis du eine Dehnung spürst.

Nr.	Übung	Dehnmethode	Zielmuskulatur
11.	Dehnung der seitlichen Rumpfmuskulatur im Seitgrätschstand	Aktiv-dynamisch	M. latissimus dorsi, M. obliquus externus abdominis, M. obliquus internus abdominis

Beschreibung

Stelle dich aufrecht hin und mache Schritt zur Seite, sodass du in einem leichten Grätschstand stehst. Deine Beine sollten gestreckt und stabil auf dem Boden stehen. Hebe beide Arme über deinen Kopf zusammen. Die Hände sollten gestreckt sein und in Richtung Decke zeigen. Lehne deinen Oberkörper langsam zur Seite und achte darauf, dass deine Hüfte stabil bleibt und nach vorne zeigt. Du solltest eine Dehnung in der seitlichen Rumpfmuskulatur auf der gegenüberliegenden Seite merken.

Nr.	Übung	Dehnmethode	Zielmuskulatur
12.	Dehnung der Nackenmuskulatur im stehen	Passiv-statisch	M. trapezius pars descendens, M. Sternocleidomastoideus

Beschreibung

Stelle dich aufrecht hin, die Füße hüftbreit auseinander. Die Arme hängen entspannt neben dem Körper. Dein Blick ist nach vorne gerichtet. Neige langsam deinen Kopf zur Seite, indem du das rechte Ohr zur rechten Schulter bewegst. Achte darauf, dass deine Schulter nicht Richtung Ohr ziehen will. Um die Dehnung intensiver zu gestalten, kannst du die gegenüberliegende Hand auf die Seite deines Kopfes legen und einen sanften Zug ausüben. Ziehe zusätzlich das Kinn sanft zur Brust.

2.2 Belastungsgefüge Beweglichkeitstraining

Tabelle 5: Belastungsgefüge Beweglichkeitstraining

Trainingshäufigkeit pro Woche	4x pro Woche eine Stunde
Sätze pro Übung	3. Sätze pro Übung und Seite
Dehndauer	<ul><li>Dehndauer Statische Übungen: 45 Sekunden</li><li>Wiederholungszahl bei dynamischen Übungen: 10 wdh</li><li>Postisometrisches Dehnen: 10 sek. Isometrisch/ 3 sek. entspannung/ 15 sek. statisch halten</li></ul>
Intensität	Maximale Dehnintensität

2.3 Begründung zur Trainingsplanung für das Beweglichkeitstraining

In dem dargestellten Dehnprogramm wurd ein Ganzkörper Dehntraining gewählt, wobei ein besonderer Fokus auf die Muskulatur der Beinrückseite und Hüfte gelegt wurde. Dieser Schwerpunkt wurde gewählt, um den Belastungen durch die regelmäßige Ausdaueraktivität sowie den akuten Verspannungen in der Beinrückseite entgegenzuwirken. Zusätzlich wurden spezifische Übungen für die Hüftbeuger-, Kniebeuger-, Kniestrecker-, Brust- und Nackenmuskulatur integriert, um die negativen Auswirkungen der überwiegend sitzenden Tätigkeit als Bankkaufmann vorzubeugen. Der erhöhte Muskeltonus der Hüft- und Kniebeugemuskulatur sowie eine mögliche Fehlhaltung der Wirbelsäule durch dauerhaftes Sitzen können durch das gezielte Dehnprogramm reduziert und präventiv angewendet werden (Holzgreve et al. 2021). Dieses Beweglichkeitstraining spielt eine zentrale Rolle für zahlreiche wichtige Aspekte unserer Person. Es reduziert nicht nur das Risiko von Muskel- und Sehnenverletzungen, sondern verbessert auch physische Leistungsfaktoren wie Kraft, Schnelligkeit und Technik. Dank des erhöhten Bewegungsumfangs lassen sich Übungen kraftvoller, schneller und fließender ausführen (Weineck, 2009, S. 678). Aufgrund der langjährigen sportlichen Erfahrung besitzt die Person eine gute Grundfitness und Belastbarkeit. Daher wurde die maximale Dehnintensität gewählt, da diese laut Marshall (1999) wirksamer ist als das sogenannte „weiche Dehnen". Um die Beweglichkeit der Person zu fördern, wurde die Dehndauer auf 45 Sekunden festgelegt. Schönthaler und Ohlendorf (2002) betonen, dass eine längere Dehnzeit keine zusätzlichen Vorteile bringt und somit nicht nötig ist. Es ist wichtig zu unterstreichen, dass jede Übung langsam und kontrolliert ausgeführt werden sollte. Dabei sollte die Person von einem "Wippen" oder "Federn" absehen. Ein zu schnelles Dehnen kann dazu führen, dass die Muskelspindeln ein Warnsignal auslösen und es zur einer Muskelkontraktion kommt (Weineck, 2009, S.145). Im Dehnprogramm wurden bewusst verschiedene Dehnmethoden integriert, um ein umfassendes Beweglichkeitstraining zu ermöglichen. Der Vorteil aktiver Dehnungsübungen besteht darin, dass durch die Kontraktion der Antagonisten bestimmte Muskelgruppen gedehnt und gleichzeitig gekräftigt werden. Es ist ebenso wichtig zu erwähnen, dass das aktive Dehnen die sogenannte reziproke Hemmung fördert. Die reziproke Hemmung beschreibt die gleichzeitige Entspannung des antagonistischen Muskels, während der agonistische Muskel gedehnt wird. Das dynamisches Dehnen fördert die Durchblutung, steigert den Bewegungsumfang und aktiviert die Muskulatur, was ideal zur Vorbereitung auf sportliche Aktivitäten ist. Es verbessert die Bewegungskoordination und verringert das Verletzungsrisiko, indem es den Körper auf dynamische Bewegungen vorbereitet. Diese Methode ist besonders sinnvoll für das Laufen, wo eine ausgeprägte dynamische Flexibilität von Bedeutung ist (Weineck, 2009, S.416). Darüber hinaus unterstützt dynamisches Dehnen die Regenerationsfähigkeit der Muskulatur (Weineck, 2009, S. 420). Im Kontrast dazu zielt das statische Dehnen darauf ab, die Auslösung der Muskeldehnungsreflexe zu minimieren und damit die Beweglichkeit zu erhalten oder zu verbessern (Weineck, 2009, S. 417). Laut Hollmann & Strüder (2008) trägt diese Methode auch zur Prävention von Muskel- und Sehnenrissen bei, was für unsere Person von Vorteil ist. Die postisometrischen Dehnübungen wurden eingebaut, um signifikante Dehnungsreize zu setzen. Diese Methode ermöglicht es, die Muskulatur nach einer kontrollierten isometrischen Anspannung gezielt in eine intensivere Dehnung zu führen. Dadurch wird nicht nur die Beweglichkeit optimiert, sondern auch die Muskulatur langfristig entspannt. Die Kombination dieser Methoden zielen darauf ab, Beweglichkeitsdefizite auszugleichen, die Laufqualität zu verbessern, Verspannungen zu lösen und den Alltag zu optimieren. Laut Franco et al. (2008) gilt eine Trainingshäufigkeit von weniger als dreimal pro Woche für sportlich aktive Personen als eher unwirksam. Daher wurde ein Minimum von vier Trainingseinheiten mit jeweils einer Stunde für das Dehnprogramm der Person festgelegt.

3 Trainingsplanung Koordinationstraining

3.1 Übungsauswahl Koordinationstraining

Tabelle 6: Übungsauswahl Koordinationstraining

Nr.	Übung	Hilfsmittel
1.	Einbeinstand auf dem Therapiekreisel	Therapiekreisel
Beschreibung:		
Stelle den Therapiekreisel auf einen stabilen, rutschfesten Untergrund. Stelle dich seitlich neben den Kreisel und lege ein Bein auf die Mitte des Kreisels. Verlagere dein Körpergewicht auf das Bein, welches auf dem Therapiekreisel steht und hebe das andere Bein leicht vom Boden ab. Winkel das angehobene Bein in einem 90 Grad Winkel an. Halte deinen Oberkörper aufrecht und die Schultern entspannt und aktiviere die Rumpfmuskulatur. Halte nun diese Position und wechsel danach das Bein.		
Nr.	Übung	Hilfsmittel

Nr.	Übung	Hilfsmittel
2.	Einbeinstand auf dem Therapiekreisel mit Augen zu	Therapiekreisel

Beschreibung:

Stelle den Therapiekreisel auf eine festen, rutschfeste Untergrund. Stelle dich seitlich neben den Kreisel und lege ein Bein auf die Mitte des Kreisels. Verlagere dein Körpergewicht auf das Bein, welches auf dem Therapiekreisel steht und hebe das andere Bein leicht vom Boden ab. Winkel das angehobene Bein in einem 90 Grad Winkel an. Halte deinen Oberkörper aufrecht und die Schultern entspannt und aktiviere die Rumpfmuskulatur. Schließe nun die Augen und halte diese Position. Zum Wechseln des Beines dürfen die Augen wieder geöffnet werden.

Nr.	Übung	Hilfsmittel
3.	Einbeinstand auf dem Therapiekreisel, mit Ball rollen um den Rumpf	Therapiekreisel, Ball

Beschreibung:

Stelle den Therapiekreisel auf einen stabilen, rutschfeste Untergrund. Stelle dich mit dem Ball in den Händen seitlich neben den Kreisel und lege ein Bein auf die Mitte des Kreisels. Verlagere dein Körpergewicht auf das Bein, welches auf dem Therapiekreisel steht und hebe das andere Bein leicht vom Boden ab. Winkel das angehobene Bein in einem 90 Grad Winkel an. Halte deinen Oberkörper aufrecht und die Schultern entspannt und aktiviere die Rumpfmuskulatur. Beginne den Ball langsam, um deinen Rumpf zu geben und gebe den Ball abwechselnd von einer Seite zur anderen.

Nr.	Übung	Hilfsmittel
4.	Einbeinstand mit „öffnen & schließen" auf dem Therapiekreisel	Therapiekreisel

Beschreibung:

Stelle dich auf den Therapiekreisel und balanciere auf einem Bein. Das andere Bein schwebt über dem Boden. Aktiviere deine Rumpfmuskulatur und halte deinen Oberkörper aufrecht. Achte darauf, dass die Schultern entspannt sind. Bewege jetzt kontrolliert Ellenbogen und Knie diagonal vor dem Körper zueinander, bis sie sich berühren. Öffne sie danach wieder und wiederhole das Ganze fließend und gleichmäßig.

Nr.	Übung	Hilfsmittel
5.	Einbeinstand auf dem Therapiekreisel, Zahlen malen von 1-10	Therapiekreisel

Beschreibung:

Stelle dich auf den Therapiekreisel und balanciere auf einem Bein. Das andere Bein schwebt über dem Boden. Aktiviere deine Rumpfmuskulatur und halte deinen Oberkörper aufrecht. Achte darauf, dass die Schultern entspannt sind. Zeichne mit dem angehobenen Bein die Zahlen 1-10 so groß wie möglich in die Luft und wechsle danach die Seite.

Nr.	Übung	Hilfsmittel
6.	Tandemschritt mit Diagonalen aufheben eines	Tennisball

	Tennisballs, mit Blick richtung Ball	

Beschreibung:

Platziere einen Tennisball neben dir und nimm eine Tandemstellung ein, bei der die Zehenspitze des hinteren Fußes die Ferse des vorderen berührt. Beide Füße befinden sich in einer geraden Linie. Achte darauf, aufrecht zu stehen. Greife nun mit der diagonal vom Tennisball liegenden Hand nach dem Ball und führe ihn in einer kontrollierten Bewegung diagonal nach oben in Richtung Decke. Dein Blick bleibt dabei die ganze Zeit auf den Ball. Anschließend senkst du den Ball wieder ab und legst ihn auf die gegenüberliegende Seite. Wiederhole die Übung und wechsle die Seiten.

Nr.	Übung	Hilfsmittel
7.	Dynamische Standwaage auf dem Balancepad, mit aufheben und hinlegen eines Tennisballs	Balancepad, Tennisball

Beschreibung:

Stelle dich mit einem Bein auf das Balancepad. Das andere Bein ist leicht nach hinten ausgestreckt. Achte darauf, dass dein Standbein leicht gebeugt bleibt, um die Balance besser zu halten. Halte deinen Oberkörper gerade und lehne dich langsam nach vorne in die Standwaage, während du das hintere Bein anhebst und in eine Linie mit dem Oberkörper bringst. Vor dir auf dem Boden liegt ein Tennisball. Greife mit einer Hand nach dem Tennisball und hebe ihn kontrolliert auf. Bringe deinen Oberkörper wieder in die Ausgangsposition und lege den Ball anschließend wieder auf dem Boden ab, um die Übung zu wiederholen.

Nr.	Übung	Hilfsmittel
8.	Vierfüßlerstand auf dem Gymnastikball	Gymnastikball

Beschreibung:

Stütze dich vorsichtig mit den Händen auf einen Gymnastikball ab. Platziere deine Hände dafür schulterbreit auf dem Ball und achte darauf, dass deine Finger leicht gespreizt sind. Deine Knie positionierst du unter den Hüften, sodass du dich in einer stabilen Vierfüßlerposition befindest. Bringe deinen Rumpf auf Spannung und achte darauf, dass dein Rücken gerade bleibt. Der Kopf fungiert als Verlängerung der Wirbelsäule und der Blick ist nach unten gerichtet. Halte nun diese Position.

Nr.	Übung	Hilfsmittel
9.	Vierfüßlerstand auf dem Gymnastikball mit Arme abwechselnd heben	Gymnastikball

Beschreibung:

Stütze dich vorsichtig mit den Händen auf einen Gymnastikball ab. Platziere deine Hände dafür schulterbreit auf dem Ball und achte darauf, dass deine Finger leicht gespreizt sind. Deine Knie positionierst du unter den Hüften, sodass du dich in einer stabilen Vierfüßlerposition befindest. Bringe deinen Rumpf auf Spannung und achte darauf, dass dein Rücken gerade bleibt. Der Kopf fungiert als Verlängerung der Wirbelsäule und der Blick ist nach unten gerichtet. Hebe nun abwechselnd die Arme gestreckt an und stütze sie kontrolliert wieder ab.

Nr.	Übung	Hilfsmittel

10.	Ausfallschritt mit vorderen Fuß auf Balancepad und hinterem Fuß auf Gymnastikball	Balancepad, Gymnastikball

Beschreibung:

Stelle dich aufrecht hin und platziere den vorderen Fuß mittig auf dem Balancepad. Dein hinterer Fuß legst du auf einem Gymnastikball ab, sodass dein Bein gestreckt ist. Senke langsam dein hinteres Knie ab und beuge langsam dein vorderes Bein. Halte deinen Oberkörper aufrecht und deinen Blick nach vorne gerichtet. Drücke dich kontrolliert aus der Position zurück in die Ausgangsstellung, indem du das vordere Bein wieder streckst und das hintere Bein auf dem Gymnastikball hältst.

3.2 Belastungsgefüge Koordinationstraining

Tabelle 7: Belastungsgefüge Koordinationstraining

Trainingshäufigkeit pro Woche	2x pro Woche 1 Stunde
Sätze pro Übung	• Bei bilateralen Übungen: 3. Sätze • Bei unilateralen Übungen: 2. Sätze pro Seite
Satzpausen	90 Sekunden
Belastungsdauer	• 40 Sekunden Aktivität • 12 wdh. wenn Gesamt • 10 wdh. wenn pro Seite

3.3 Begründung zur Trainingsplanung für das Koordinationstraining

Das Koordinationstraining wurde an den Leistungsstand der Person angepasst, die bereits über eine gute Grundfitness und Koordinationsvermögen verfügt. Der Schwerpunkt der Einheit liegt auf der Verbesserung des Gleichgewichts durch ein propriozeptivens Training. Da die Person bereits eine gut ausgeprägte Grundkoordination besitzt, wurde der Therapiekreisel bewusst als Einstieg ins Training gewählt. So wird sichergestellt, dass eine Herausforderung für die Person gegeben ist und Unterforderung vermieden wird. Die Übungen sind so aufgebaut, dass zunächst eine Übung vereinfacht zum Gewöhnen ausgeführt wird. Danach wird der Schwierigkeitsgrad der Übung durch komplexere Bewegungsabläufe gesteigert, um so neue Reize zu setzen (Häfelinger & Schuba, 2007, S. 23). Zudem wurde eine Übung ohne visuelle Kontrolle eingebaut, um den Gleichgewichtssinn nochmals intensiv zu fordern und die propriozeptiven Fähigkeiten weiter zu schärfen. Mit zunehmender Komplexität und Schwierigkeit eines Bewegungsablaufs steigt auch die Relevanz der koordinativen Fähigkeiten. Zusätzliche positive Nebeneffekte sind die Präzisierung, Ökonomisierung und Effizienzsteigerung sportlicher Bewegungsabläufe sowie die Verbesserung sensomotorischer Lernfähigkeiten und die Prävention von Unfällen und Verletzungen (Weineck, 2009, S. 424-425). Durch das Training koordinativer Fähigkeiten wird die Person in ihrem Alltag, im Training und besonders beim Laufen langfristig unterstützt. Gleichzeitig wird dem altersbedingten Abbau der Koordination effektiv entgegengewirkt (Weineck, 2009, S. 428). Propriozeptives Training sollte die Person immer nach dem Aufwärmen und vor dem Krafttraining im ausgeruhten Zustand ausführen. Sehr wichtig dabei ist eine korrekte, achsengerechte Haltung (Fuß-, Knie-, Hüft- und Wirbelsäulenstellung). Bei statischen Übungen empfiehlt sich eine Haltedauer von 5 bis 60 Sekunden, während dynamische Übungen 5 bis 30 Wiederholungen umfassen sollten. Lassen Konzentration oder Bewegungsausführung nach oder treten Schmerzen auf, sollte die Übung sofort abgebrochen werden (Chwilkowski, 2006, 60 ff; Häfelinger & Schuba, 2007, S. 61). Aus diesem Grund wurde eine statische Haltedauer von 40 Sekunden, 12 Wiederholungen beidbeinig und 10 Wiederholungen einbeinig pro Seite gewählt.

4 Literaturrecherche

Tabelle 8: Literaturrecherche Studie 1

Name der Studie	Multistation proprioceptive exercise program prevents ankle injuries in basketball
Wer hat die Studie durchgeführt?	Eric Eils, Ralph Schröter, Marc Schröder, Joachim Gerss, Dieter Rosenbaum
In welchem Jahr wurde die Studie publiziert?	2010
Welche Forschungsfrage wurde untersucht?	Wirksamkeit eines propriozeptiven Multistations-Übungsprogramms zur Prävention von Knöchelverletzungen bei Basketballspielern
Mit welchen Versuchspersonen wurde die Studie durchgeführt?	232 Basketball Spieler aus 35 Mannschaften in der nähe Münster. Alle Spieler spielten regelmäßig Basketball und ihr Leistungsniveau variierte zwischen Kreisliga und Bundesliga in Deutschland.
Wie sah der Versuchsaufbau der Studien aus?	Die Probanden waren zu Beginn der Studie ohne Verletzungen. Um die Wirkung des propriozeptiven Übungsprogramms mit mehreren Stationen auf die Verletzungshäufigkeit zu bewerten, wurden alle Probanden, die externe Stabilisierungsgeräte (Schienen oder Klebeband) trugen oder zuvor propriozeptive Übungen durchgeführt hatten, von der Studie ausgeschlossen. Die verbleibenden 198 Probanden wurden nach dem Zufallsprinzip der Kontroll- oder der Trainingsgruppe zugewie-

	sen. Hierbei wurde nach Leistung (hoch, mittel oder niedrig) und Geschlecht (männlich oder weiblich) unterteilt. Die Trainingsgruppe führte ein propriozeptives Übungsprogramm mit mehreren Stationen durch, und die Kontrollgruppe setzte ihre normalen Trainingsroutinen fort. Während der Wettkampfsaison wurden die Knöchelverletzungen dokumentiert und mithilfe der logistischen Regression mit der Anzahl der Sportveranstaltungen verglichen. Zusätzliche biomechanische Pre-Post-Tests wurden in beiden Gruppen durchgeführt, um die Auswirkungen auf die neuromuskuläre Leistung zu untersuchen.
Welche relevanten Ergebnisse und Schlussfolgerungen lieferte die Studie?	**Ergebnisse:** In der Kontrollgruppe traten 21 Verletzungen auf, während in der Trainingsgruppe 7 Verletzungen auftraten. Das Risiko, einer Knöchelverletzung sank signifikant um etwa 65 % und 7 Zusätzliche biomechanische Tests zeigten starke Verbesserungen des Gelenkstellungsgefühl und Einbeinstand in der Trainingsgruppe. **Schlussfolgerung:** Das propriozeptive Übungsprogramm mit mehreren Stationen verhinderte effektiv Knöchelverletzungen bei Basketballspielern. Zusätzliche biomechanische Tests bestätigten die neuromuskuläre Wirkung und bestätigten einen Zusammenhang zwischen Verletzungsprävention und veränderter neuromuskulärer Leistung.

Tabelle 9: Literaturrecherche Studie 2

Name der Studie	Effectiveness of a home-based balance-training program in reducing sports-related injuries among healthy adolescents: a cluster randomized controlled trial
Wer hat die Studie durchgeführt?	Carolyn A. Emery, David J. Cassidy, Terry P. Klassen, Rhonda J. Rosychuk, Brian H. Rowe
In welchem Jahr wurde die Studie publiziert?	2005
Welche Forschungsfrage wurde untersucht?	Wie effektiv ist ein Gleichgewichtstrainingprogramm von zu hause aus mit einem Wackelbrett zur Verbesserung des statischen und dynamischen Gleichgewichts sowie zur Reduktion sportbedingter Verletzungen bei gesunden Jugendlichen
Mit welchen Versuchspersonen wurde die Studie durchgeführt?	Zehn von fünfzehn High Schools in Calgary wurden zufällig für die Teilnahme ausgewählt, wobei computergenerierte Zufallszah-

	len verwendet wurden, um sowohl die Schulen als auch die Schüler der Interventions- oder Kontrollgruppe zuzuordnen. Aus den Sportprogrammen der Klassen 10 bis 12 wurden nach dem Zufallsprinzip je zwei Jungen und zwei Mädchen ausgewählt. Lehnte ein Schüler die Teilnahme ab oder schied nach der Basiserhebung aus, wurde ein Ersatzteilnehmer ausgewählt.
Wie sah der Versuchsaufbau der Studien aus?	Die Schüler der Interventionsgruppe nahmen sechs Wochen lang täglich und dann sechs Monate lang wöchentlich an einem Gleichgewichtstrainingsprogramm von zu Hause aus teil, bei dem ein Wackelbrett zum Einsatz kam. Die Schüler der Kontrollschulen wurden nur getestet. Die wichtigsten Ergebnisparameter waren statisches und dynamisches Gleichgewicht auf Zeit. Es wurden 20-Meter-Pendellauf und Vertikaler Sprung gemessen, die zu Beginn an und sechs Wochen lang, alle zwei Wochen gemessen wurden. Während des sechsmonatigen Nachbeobachtungszeitraums wurden selbst gemeldete Verletzungsdaten gesammelt.
Welche relevanten Ergebnisse und Schlussfolgerungen lieferte die Studie?	**Ergebnisse:** Nach 6 Wochen wurden in der Interventionsgruppe Verbesserungen des statischen und dynamischen Gleichgewichts beobachtet, nicht jedoch in der Kontrollgruppe (Unterschied im statischen Gleichgewicht 20,7 Sekunden, 95%-Konfidenzintervall [CI] 10,8 bis 30,6 Sekunden; Unterschied im dynamischen Gleichgewicht 2,3 Sekunden, 95%-CI 0,7 bis 4,0 Sekunden). Es gab Hinweise auf eine präventive Wirkung des Gleichgewichtstrainings über 6 Monate (relatives Verletzungsrisiko 0,2, 95%-CI 0,05 bis 0,88). Die notwendige Anzahl an Behandlungen, um eine Verletzung über 6 Monate zu vermeiden, betrug 8 (95%-CI 4 bis 35). **Schlussfolgerung:** Gleichgewichtstraining mit einem Wackelbrett ist wirksam bei der Verbesserung des statischen und dynamischen Gleichgewichts und der Verringerung sportbedingter Verletzungen bei gesunden Jugendlichen.

5 Literaturverzeichnis

Mancia, G., Fagard, R., Narkiewicz, K., Redón, J., Zanchetti, A. & Böhm, M. (2013). 2013 ESH/ESC Guidelines for the management of arterial hypertension: the Task Force for the management of arterial hypertension of the European Society of Hypertension (ESH) and of the European Society of Cardiology (ESC): The Task Force for the management of arterial hypertension of the European Society of Hypertension

(ESH) and of the European Society of Cardiology (ESC). *Journal of Hypertension*, *31*(7), 1281–1357.

Holzgreve, F., Fraeulin, L., Haenel, J., Schmidt, H., Bader, A., Frei, M et al. (2021). Office work and stretch training (OST) study: effects on the prevalence of musculoskeletal diseases and gender differences: a non-randomised control study. *BMJ Open*, *11*(5)

Weineck, J. (2009). *Sportbiologie* (10. Aufl.). Balingen: Spitta.

Hollmann, W. & Strüder, H. K. (2012). *Sportmedizin: Grundlagen für körperliche Aktivität, Training und Präventivmedizin* (5. Aufl.). Stuttgart: Schattauer.

Franco, B. L., Signorelli, G. R., Trajano, G. S. & De Oliveira, C. (2008). Acute effects of different stretching exercises on muscular endurance. *Journal of Strength and Conditioning Research, 22* (6), 1832-1837.

Häfelinger, U. & Schuba, V. (2007). *Koordinationstherapie - propriozeptives Training* (3. Aufl.). Aachen: Meyer & Meyer.

Chwilkowski, C. (2006). *Medizinisches Koordinationstraining – Verbesserung der Haltungs- und Bewegungskoordination durch Propriozeption* (2. Aufl.). Köln: Deutscher Trainer Verlag.

Eils, E., Schröter, R., Schröder, M., Gerss, J., & Rosenbaum, D. (2010). Multistation proprioceptive exercise program prevents ankle injuries in basketball. *Medicine and Science in Sports and Exercise*, *42*(11), 2098-2105.

Emery, C. A., Cassidy, J. D., Klassen, T. P., Rosychuk, R. J., & Rowe, B. H (2005). Effectiveness of a home-based balance-training program in reducing sports-related injuries among healthy adolescents: a cluster randomized controlled trial. *Journal de l'Association Medicale, 172*(6), 749–754.

6 Tabellenverzeichnis

Tabelle 1: Allgemeine und biometrische Daten.. 3
Tabelle 2: Blutdruckklassifikation (modifiziert nach Mancia et al., 2013, S. 1286).......................... 3
Tabelle 3: Pulsnormwerte der deutschen Herzstiftung 4
Tabelle 4: Übungsauswahl Beweglichkeitstraining 5
Tabelle 5: Belastungsgefüge Beweglichkeitstraining 8
Tabelle 6: Übungsauswahl Koordinationstraining 10
Tabelle 7: Belastungsgefüge Koordinationstraining 13
Tabelle 8: Literaturrecherche Studie 1 14
Tabelle 9: Literaturrecherche Studie 2 15

BEI GRIN MACHT SICH IHR WISSEN BEZAHLT

- Wir veröffentlichen Ihre Hausarbeit, Bachelor- und Masterarbeit

- Ihr eigenes eBook und Buch - weltweit in allen wichtigen Shops

- Verdienen Sie an jedem Verkauf

Jetzt bei www.GRIN.com hochladen und kostenlos publizieren